BLANQUI LIBRE

PAR

GABRIEL DEVILLE

PRIX : 20 CENTIMES

PARIS

EN VENTE CHEZ TOUS LES LIBRAIRES

1878

A MADAME BARRELIER ET A MADAME ANTOINE,

Je dédie ces quelques lignes comme un témoignage public de ma respectueuse admiration pour les dignes sœurs de celui dont nous poursuivrons obstinément la juste délivrance.

G. D.

BLANQUI LIBRE

Le 12 mai 1876 la *Petite République Française* publiait les lignes ci-après :

ON ÉCRIT DE CLAIRVAUX :

Le 6 septembre 1870, un écrivain français rédigeait, signait et faisait signer à ses amis la déclaration suivante :

« En présence de l'ennemi, plus de partis ni de nuances.

« Le gouvernement sorti du grand mouvement du 4 septembre représente la pensée républicaine et la défense nationale.

« Cela suffit.

« Toute opposition, toute contradiction doit disparaître devant le salut commun.

« Il n'existe plus qu'un ennemi, le Prussien, et son complice, le partisan de la dynastie déchue qui voudrait faire de l'ordre dans Paris avec les baïonnettes prussiennes.

« Maudit soit celui qui, à l'heure suprême où nous touchons, pourrait conserver une préoccupation personnelle, une arrière-pensée, quelle qu'elle fût !

« Nous offrons au gouvernement notre concours le plus énergique et le plus absolu, sans aucune réserve ni condition, si ce n'est qu'il maintiendra quand même la République et s'ensevelira avec nous sous les ruines de Paris, plutôt que de signer le déshonneur et le démembrement de la France ! »

Deux mois plus tard, le patriote qui signait ces lignes, frappé de l'inaction des hommes de l'Hôtel-de-Ville, et croyant, avec la moitié de Paris, que le salut serait possible avec d'autres, prenait part au mouvement du 31 octobre.

Arrêté pour ce fait, au mois de février suivant il était condamné à un emprisonnement perpétuel.

Aujourd'hui, on écrit de Clairvaux :

« Blanqui n'est pas malade, comme on l'avait dit, mais sa faiblesse est extrême ; il a reçu la visite de sa sœur. »

Est-ce qu'on ne permettra pas à ce vieillard de mourir en liberté, à ce prisonnier affaibli de se réchauffer au soleil qui ne pénètre pas dans les cellules de Clairvaux ?

Une excellente intention a inspiré cet article ; le but qu'il se propose, c'est Blanqui libre ; son tort est d'implorer une faveur que de tout temps Blanqui a, avec raison, considérée comme une lâche injure.

A Blanqui victime d'attachement sincère à ses croyances, de fidélité désintéressée à ses principes, de dévouement absolu à ses idées, à cet homme stoïque, dont la haute intelligence, l'immense savoir, le noble caractère, l'indomptable courage, la foi inébranlable ne peuvent qu'exciter la vénération, on ne doit pas chercher à faire infliger une grâce dédaigneuse ; c'est la fin de la terrible exception qui pèse sur lui, c'est un retour à l'équité, que l'on doit réclamer au profit de celui qui, ayant vécu pour la Révolution, a, toute sa vie, souffert pour elle.

Du reste, nos gouvernants, et M. Dufaure en tête, refusent, implacables, de rendre à la liberté Auguste Blanqui ; ils refusent de réaliser le vœu humain de la *Petite République Française*.

Objet des persécutions incessantes de tous les réacteurs coalisés, perpétuellement en butte à des haines couardes que n'ont pu assouvir quarante ans de cachot, Blanqui, de par les coryphées impitoyables d'une bourgeoisie épeurée, est condamné irrévocablement à agoniser en cellule. Séquestré il est, séquestré il sera jusqu'à ce que la mort vienne enfin

mettre un terme à ses affreux tourments et à la ter-
reur féroce de ses ennemis.

Il est en prison, cet éternel vaincu, il y restera de
par la volonté de ce ministre vieilli par l'abus de
toutes les réactions, usé par les excès de mesures
répressives, au cœur racorni par la pratique invété-
rée de la domination. Il est en prison, cet ardent républicain, et il y restera demain, après-demain et
toujours de par la volonté du premier ministre de
la République!

Une amnistie générale libérerait Blanqui. Mais
hélas! longtemps nous aurons à attendre que luise
le jour de la réparation à l'égard de ceux dont « la
défaite est le seul crime, » selon l'expression de
M. Émile de Girardin.

Eh bien! il est possible au peuple de faire man-
quer les porte-paroles de la classe des privilégiés à
leur cruelle promesse de vengeance insatiable; il est
possible au peuple d'*amnistier* le vieux lutteur socia-
liste; il est possible au peuple de faire voir, avant de
mourir, à celui dont on a muré l'horizon parce qu'il
a eu la hardiesse de défendre les pauvres et les
opprimés, la nature autrement que quadrillée par
les noirs barreaux d'une maison centrale; il est possible au peuple d'arracher au sombre engourdisse-
ment d'une vie désespérément monotone, ce brillant
esprit dont la géniale clarté pourrait encore guider
nos travaux, vivifier nos efforts, éclairer notre
marche ascendante; il est possible au peuple de déli-
vrer Blanqui.

Le moyen pour le peuple d'accomplir ce grand
acte de justice, c'est de nommer Blanqui son repré-
sentant, c'est de l'élire député.

Que l'on ne vienne pas nous objecter l'inéligibilité de Blanqui : voici, en effet, par quelles paroles, le 6 avril 1876, à la Chambre des députés, le tout-puissant M. Gambetta ripostait à M. Raoul Duval qui, se fondant sur l'inéligibilité de M. de Douville-Maillefeu, s'opposait à la validation de l'élu d'Abbeville.

Quant à la jurisprudence parlementaire, vous le savez, messieurs, il est arrivé que des hommes qui avaient été frappés par la juridiction du pays *pour des crimes et des délits politiques emportant surtout l'incapacité civile*, ont été nommés alors qu'ils étaient sous les verrous, et il a été reconnu *que ces hommes étaient parfaitement et régulièrement élus.* C'est le cas de notre vénéré collègue M. Raspail, il y en a d'autres que je pourrais citer.

D'ailleurs l'article 10 de la loi constitutionnelle du 16 juillet 1875 le dit expressément : « Chacune des Chambres est juge de l'éligibilité de ses membres et de la régularité de leur élection. » Aussi, au mois de mars dernier, la commission de recensement de Marseille a, ainsi que c'était son devoir, reconnu valables les bulletins au nom d'Auguste Blanqui.

Au peuple donc à agir ; il peut, s'il le veut, faire passer dans le domaine des faits ce désir légitime : Blanqui libre.

Nous allons rapidement rappeler, à l'aide de notes inédites dont nous avons eu la bonne fortune de pouvoir user, les détails de cette existence qui n'a été qu'un long martyrologe.

.

Louis-Auguste Blanqui est né le 1er février 1805 à Puget-Théniers.

Son père, à cette époque sous-préfet de l'arrondissement, avait en 1792, au moment de l'invasion du comté de Nice par les troupes du général Anselme, engagé ses concitoyens à solliciter l'annexion du comté à la France. Délégué par eux pour porter le vœu du pays à la Convention nationale, il fut, après le vote de cette annexion, nommé député à la Convention par le nouveau département des Alpes-Maritimes, il fit plus tard partie du Conseil des Cinq-Cents et devint sous-préfet de Puget-Théniers sous le Consulat; il conserva cette fonction sous l'Empire.

En 1814, le promoteur de la réunion du comté de Nice à la France, l'ex-conventionnel Girondin, dut se soustraire par la suite à la fureur du parti sarde, laissant derrière lui cinq enfants en bas âge. Les Autrichiens occupaient la petite ville et Auguste Blanqui, âgé de neuf ans, fut témoin des abjectes violences de la réaction victorieuse.

En 1815 les cinq jeunes enfants arrivèrent à Paris sous l'escorte de leur vieille tante. De 1818 à 1824 Auguste Blanqui fit ses études à l'institution Massin et au collège Charlemagne; il compta parmi les lauréats du concours général.

À peine sorti du collège, il s'affilia aux ventes de carbonari.

Quelque temps précepteur des enfants du général Compans, puis répétiteur à l'institution Massin, il étudia à la fois le droit et la médecine, mais les tendances de son esprit le poussaient tout entier vers la politique.

L'année 1827 vit le commencement de l'agitation qui devait aboutir aux barricades de 1830, elle fut sillonnée d'émeutes; Blanqui prit part à toutes et fut blessé trois fois dans cette même année.

En avril et en mai, il reçut deux coups de sabre : rue Saint-Honoré à l'occasion de la loi d'amour de M. de Peyronnet et sur le pont Saint-Michel dans une manifestation d'étudiants contre le jésuite Récamier. Le 29 novembre au soir, lors de l'échauffourée sanglante qui suivit les élections libérales de la veille, il tomba, rue aux Ours, atteint d'une balle au cou, sous un feu de peloton.

Pendant les années 1828 et 1829, Blanqui parcourut à pied les Alpes et le Midi de la France. Arrêté à Nice à cause de son nom, qui inspirait là de l'ombrage au gouvernement sarde, il fut incarcéré : c'était sa première connaissance avec les cachots. Sorti des cabanons piémontais il visita l'Espagne.

De retour à Paris le 9 août 1829, le jour de l'avénement du ministère Polignac, Blanqui entra au journal *le Globe* en qualité de sténographe; il y fut en contact avec la plupart des pontifes du doctrinarisme. Républicain et révolutionnaire avéré, il se tint à l'écart, se renfermant dans les limites de sa spécialité de rédacteur des Chambres.

Le 26 juillet au matin, Blanqui trouva les bureaux du *Globe* bouleversés; les employés debout, interdits; les rédacteurs pâles, consternés; le (fatal *Moniteur* était sur le tapis vert de la table. Après avoir lu les fameuses ordonnances, Blanqui laissa percer sa joie : « Avant la fin de la semaine, dit-il, tout sera terminé à coups de fusil. » A ces paroles téméraires le philosophe Jouffroy répliqua majestueusement : « Il n'y aura pas de coups de fusil. »

Le lendemain Blanqui invita, inutilement, les rédacteurs du *Globe* à se constituer en comité insurrectionnel : « Les armes décideront, conclut-il, quant à moi je vais prendre un fusil et la cocarde tricolore. »

— « Monsieur, cria le philosophe Cousin d'une voix éclatante, le drapeau blanc est le drapeau de la France. »

Blanqui quitta ces grands hommes d'Etat et courut à la place de Grève; après la bataille, il fut décoré de la croix de Juillet.

Une monarchie succéda à une autre monarchie; la vieille société restait intacte; ce n'est pas ce qu'avait espéré Blanqui, une déclaration adoptée, sur sa présentation, par le Comité des Ecoles et insérée dans *le Globe* du 22 janvier 1831, le prouve surabondamment. On y lit : « Les jeunes gens ont le droit d'associer leurs efforts dans un but commun, et ils useront de ce droit. Quant à leur but, il est simple : il s'agit pour eux de faire que la Révolution de Juillet ne soit pas un mensonge. Il faut que tout l'édifice construit par l'empire, par la restauration, soit renversé; et comme il n'est pas tombé encore une pierre de cet édifice, ils travailleront infatigablement à le battre en brèche et à le démolir. »

Une société républicaine, *la Société des Amis du Peuple*, s'était organisée; jusqu'à la fin de septembre 1830 ses séances furent publiques; dans ses réunions, dans son journal, Blanqui entreprit une chaude campagne contre la bourgeoisie triomphante, et acquit vite une influence indéniable.

Mêlé, en juillet 1831, au procès des *Dix-Neuf* et traduit devant la Cour d'assises, il ne voulut pas d'avocat. Au lieu de se disculper, il exposa ses théories. Il prononça contre la société moderne et ses

innombrables abus, un âpre et éloquent réquisitoire,
dont nous extrayons ce qui suit :

...On ne cesse de dénoncer les prolétaires comme des
voleurs prêts à se jeter sur la propriété; pourquoi? parce qu'ils se plaignent d'être écrasés d'impôts au profit
des privilégiés. Quant aux privilégiés qui vivent grasse-
ment de la sueur du prolétaire, ce sont de légitimes
possesseurs menacés du pillage par une avide populace.
Ce n'est pas la première fois que les bourreaux se don-
nent des airs de victimes.

Qui sont donc ces voleurs dignes de tant d'anathèmes et
de tant de supplices? Trente millions de Français qui
payent au fisc un milliard et demi, et une somme à peu
près égale aux privilégiés. Et les possesseurs, que la
société entière doit couvrir de sa puissance, ce sont
deux ou trois cent mille oisifs qui dévorent paisiblement
les milliards payés par les voleurs. Il me semble que
c'est là, sous une nouvelle forme et entre d'autres ad-
versaires, la guerre des barons féodaux contre les mar-
chands qu'ils détroussaient sur les grands chemins.

...Les rouages de la machine gouvernementale combinés avec un art merveilleux, atteignent le pauvre à tous
les instants de la journée, le poursuivent dans les moin-
dres nécessités de son humble vie, se mettent de moitié
dans son plus petit gain, dans la plus misérable de ses
jouissances. Et ce n'est pas assez de tant d'argent qui
voyage des poches du prolétaire à celles du riche en
passant par les abîmes du fisc, des sommes plus énormes encore sont levées directement sur la masse par les
privilégiés au moyen des lois qui régissent les transac-
tions industrielles et commerciales, lois dont ces privilégiés possèdent la fabrication exclusive.

...Je le demande, messieurs, comment des hommes de
cœur et d'intelligence, rejetés au rang des parias par
une plate aristocratie d'argent, ne ressentiraient-ils pas
profondément un aussi cruel outrage? Comment pour-
raient-ils demeurer indifférents à la honte de leur pays,
aux souffrances des prolétaires, leurs frères d'infortune?
Leur devoir est d'appeler les masses à briser leur joug
de misère et d'ignominie, ce devoir, je l'ai rempli; mai-

gré les prisons, nous le remplirons jusqu'au bout en bravant nos ennemis. Quand on a derrière soi un grand peuple qui marche à la conquête de son bien-être et de sa liberté, on doit savoir se jeter dans les fossés pour servir de fascines et lui faire un chemin.

... Vous avez confisqué les fusils de juillet. Oui; mais les balles sont parties. Chacune des balles des ouvriers parisiens est en route pour faire le tour du monde; elles frappent incessamment, elles frapperont jusqu'à ce qu'il n'y ait plus debout un seul ennemi de la liberté et du bonheur du peuple.

Fasciné, le jury l'acquitta; la cour, elle, lui infligea pour la hardiesse de ces paroles un an de prison et deux cents francs d'amende.

A l'expiration de sa peine il reparut sur la brèche. Avec une admirable prescience il devina la transformation qui attend infailliblement la propriété; voici comment; au mois de mars 1834, il s'exprimait dans un article destiné à un numéro du journal *le Libérateur* qui n'a pas paru :

Qui fait la soupe doit la manger... La richesse n'a que deux sources : l'intelligence et le travail, l'âme et la vie de l'humanité. Suspendez un seul instant ces deux forces, l'humanité meurt. Toutefois elles ne peuvent agir qu'à l'aide d'un élément positif, le sol, qu'elles mettent en œuvre par leurs efforts combinés. Il semble donc que cet instrument indispensable d'activité devrait appartenir à tous les hommes. Il n'en est rien.

Des individus se sont emparés par ruse ou par violence de la terre commune et s'en déclarent les possesseurs. Ils ont établi par des lois qu'elle serait à jamais leur propriété et que leur droit de propriété deviendrait la base de la constitution sociale, c'est-à-dire qu'il primerait et au besoin qu'il pourrait absorber, tous les droits humains, même celui de vivre, création de la nature, s'il avait le malheur de se trouver en conflit avec le privilège, propriété du petit nombre.

Le droit de propriété s'est étendu par déduction logique du sol à d'autres instruments, produits accumulés du travail et qu'on appelle *capitaux*. Or, comme les capitaux, stériles d'eux-mêmes, ne fructifient que par la main-d'œuvre et que, d'un autre côté, ils sont nécessairement la matière première mise en œuvre par les forces sociales, la majorité, exclue de leur possession, se trouve condamnée aux travaux forcés au profit de la minorité possédante. Ni les instruments ni les fruits du travail n'appartiennent aux travailleurs, mais aux oisifs. Les branches gourmandes absorbent la séve de l'arbre au détriment des rameaux fertiles; les frelons dévorent le miel créé par les abeilles. Tel est notre ordre social fondé originairement par la conquête, qui a divisé les populations en vainqueurs et vaincus. La conséquence logique d'une telle organisation, c'est l'esclavage; il ne s'est pas fait attendre. En effet, le sol ne tirant sa valeur que du travail, les privilégiés ont conclu du droit de posséder le sol, celui de posséder aussi le bétail humain qui le féconde; ils l'ont considéré d'abord comme le complément de leur domaine matériel; puis, en dernière analyse, comme une propriété personnelle, indépendante du sol.

Mais la servitude ne consiste pas seulement à être la chose de l'homme ou le serf de la glèbe : celui-là n'est pas libre qui, privé des instruments de travail, demeure à la merci du détenteur privilégié de ces instruments indispensables. C'est cet accaparement et non telle ou telle constitution politique qui fait les masses serves.

La transmission héréditaire du sol et des capitaux place les citoyens sous le joug des propriétaires : ils n'ont d'autre liberté que celle de choisir leur maître; de là sans doute cette locution railleuse : *Les riches font travailler les pauvres*. A peu près, en effet, comme les planteurs font travailler leurs nègres; il y a seulement un peu plus d'indifférence pour la vie humaine, car l'ouvrier n'est pas un capital à ménager comme l'esclave. Sa mort n'est pas une perte; il y a toujours concurrence pour le remplacer; et le salaire, cette faible parcelle, quoique suffisant à peine pour empêcher de mourir, a néanmoins la vertu de faire pulluler la chair exploitée, et, en mettant au monde indéfiniment des enfants de pauvres pour servir les enfants des riches, de continuer ainsi, de génération en génération, ce double héritage parallèle d'opulence et de misère, de jouissances et de douleurs, qui constitue les éléments de notre société.

...Les faits ont leur éloquence et ils prouvent le duel, le duel à mort, entre le revenu et le salaire. Qui succombera? — Question de justice et de bon sens.

Examinez. — Point de société sans travail : partant, point d'oisifs qui n'aient besoin de travailleurs. Mais quel besoin les travailleurs ont-ils des oisifs? Le capital n'est-il productif entre leurs mains qu'à condition d'appartenir à des parasites?

...Oui, le droit de propriété décline, les esprits généreux prophétisent et appellent sa chute. Le principe ossénien de l'Egalité le mine lentement depuis des siècles par l'abolition successive des servitudes qui formaient les assises de sa puissance. Il disparaîtra un jour. avec les derniers priviléges qui lui servent de refuge et de réduit. Le présent et le passé nous garantissent ce dénoûment, car l'humanité n'est jamais stationnaire; elle avance ou recule. Sa marche progressive la conduit à l'Egalité, sa marche rétrograde remonte par tous les degrés du privilége jusqu'à l'esclavage personnel, dernier mot du droit de propriété.

...Disons tout de suite que l'Egalité n'est pas le partage agraire. Le morcellement infini du sol ne changerait rien, dans le fond, au droit de propriété. La richesse provenant de la possession de l'instrument de travail plutôt que du travail lui-même, ce génie de l'exploitation resté debout saurait bientôt, par la reconstruction des grandes fortunes, restaurer l'inégalité sociale.

L'association substituée à la propriété individuelle fondera seule le règne de la justice par l'égalité.

L'on voit que les collectivistes peuvent hautement revendiquer Blanqui comme un des leurs.

Sa notoriété le fit, en 1835, figurer parmi les défenseurs des accusés d'avril ; il comparut en cette qualité devant la Cour des pairs.

Compromis en 1836 dans l'affaire dite de la rue de Lourcine (procès des Poudres), il fût condamné à deux ans d'emprisonnement et trois mille francs d'amende pour association illicite et fabrication clandestine de poudre de guerre. Il ne fit guère qu'un an, délivré qu'il fut par l'amnistie du 8 mai 1837.

Interné à Pontoise, il se remit à conspirer. Dès 1834, avait été formée à Paris une société secrète, la *Société des Familles*. Membre de cette société, Blanqui, aidé par Lamieussens, Ruisant, Barbès et Martin Bernard, la réorganisa sur de nouvelles bases et sous le nom de *Société des Saisons*. Un mouvement fut décidé. Le 12 mai 1839, les affiliés prenaient les armes ; au milieu d'une population sourde à leur appel, ils luttèrent tout un jour. Isolés, ils ne pouvaient résister ; dès le lendemain, l'insurrection était abattue.

Après avoir pendant cinq mois réussi à se dérober aux actives recherches de la police, Blanqui fut livré par un traître au moment où il allait passer en Suisse. Arrêté le 14 octobre 1839 et traduit au mois de janvier 1840 devant la Cour des pairs, il refusa de répondre. Condamné à mort, sa peine fut commuée en une détention perpétuelle et on le transporta immédiatement au Mont-Saint-Michel.

Soumis au régime cellulaire le plus atroce, épouvantables sont les cruautés qu'il eut à supporter ; il en a fait un récit poignant.

De plus, aux tortures physiques vinrent s'ajouter les souffrances morales : il eut le chagrin de perdre sa femme adorée moins d'un an après sa barbare incarcération ; il l'avait épousée en 1834.

Une tentative malheureuse d'évasion rendit sa captivité plus pénible, plus horrible. Et cela dura des années ! Brisé, exténué, moribond, on le transféra de brigade en brigade au pénitencier de Tours en février 1844, puis, le mal s'aggravant, à l'hôpital de cette ville en avril et juin de la même année.

Unanimes, les médecins tenaient Blanqui pour mort; une consultation, le déclarant perdu, fut envoyée à Paris; elle parvint le 4 décembre 1844 au ministère qui, le surlendemain, expédia sa grâce. Furieux d'une telle flétrissure, Blanqui mourant protesta publiquement contre la perfidie gouvernementale. Sommé par le préfet d'Entraigues de dire s'il persistait dans son refus, il lui adressa le 26 décembre, par l'entremise du maire de Tours, M. Walwein, une lettre qu'inséra le *Courrier d'Indre-et-Loire* et qui se termine par ces mots : « Que le ministre me fasse réintégrer de l'hôpital dans la première prison venue. Cette perspective est pour moi un véritable plaisir, comparée à celle d'une grâce odieuse. »

« De ces rebuffades, le pouvoir se souciait peu, a-t-il écrit lui-même; il croyait mes jours comptés. Mais voyez la malice, je ne mourus point. La sentence d'Esculape avait fait tourner le dos à la Grande Faucheuse qui passe son temps à mystifier la Faculté. Après vingt mois de lit, je me levai pour la première fois en octobre 1845; au printemps de l'année suivante, je pouvais marcher, puis mettre le nez à l'air, enfin circuler dans les jardins de l'hospice. Qui fut cruellement désappointé ? La clémence royale qui ne s'attendait à rien moins. Malgré mes refus persistants et mes offres de restitution, elle n'avait osé reprendre son cadeau intéressé. Elle m'a prouvé bientôt qu'on ne la berne pas impunément. »

Blanqui était résolu à ne pas sortir de l'hospice ; peu après sa résurrection définitive, c'est-à-dire vers la fin de mai 1846; on donnait une chambre à côté de la sienne, pour affilier, à un ouvrier maçon de l'hôpital nommé Houdin ; à côté de Blanqui, revenu à la santé, la police plaçait un agent provocateur. Une émeute, comme il y en eut plusieurs à cette époque dans les campagnes, causée par la cherté croissante des subsistances, éclata le 21 novembre ; on jugea le moment propice et Houdin alla, le 23, raconter au substitut Maillard qu'il existait une société secrète dont Blanqui était l'instigateur et à laquelle il l'avait affilié ; là-dessus, on s'ingénia à bâtir un petit complot rattaché à l'émeute des grains.

Le 27 novembre, Blanqui et sept autres citoyens étaient jetés dans les cellules du Pénitencier. On avait atteint le but caressé : de nouveau Blanqui était sous les verrous. L'affaire se dénoua le 26 avril 1847 devant la police correctionnelle de Blois. Dix mois après, le 25 février 1848, Blanqui était acclamé au club du Prado, à Paris ; la Révolution l'avait libéré.

D'un mot, il caractérisa le programme du gouvernement fraîchement éclos : « Changement de forme, maintien du fond. L'édifice du privilége sans une pierre de moins, avec des phrases et quelques banderolles de plus. » Il protesta en faveur du drapeau des barricades, du drapeau de la Révolution sociale, du drapeau rouge, contre le drapeau tricolore maintenu grâce à un mensonge de Lamartine, et comprit qu'il fallait veiller sur la République ; à cette fin, il fonda la *Société républicaine centrale* qui tint ses séances au Conservatoire de musique, rue Bergère. Sur son initiative, de nombreuses adresses au gouvernement provisoire furent votées par cette société.

Le 2 mars, il demanda des actes : « La victoire du peuple a brisé les lois oppressives qui bâillonnaient

la parole et la presse. Il faut que les résultats de
cette victoire soient libellés en décrets authentiques. »

Le 7 mars, il réclama l'ajournement des élections :
« L'élection immédiate de l'Assemblée nationale serait un danger pour la République. Depuis soixante
ans, la contre-révolution parle seule à la France. La
presse, bâillonnée par des lois fiscales, n'a pénétré
que l'épiderme de la société. L'éducation des masses
a été faite par le seul enseignement oral qui a toujours appartenu, qui appartient encore aux ennemis
de la République..... En conséquence, nous deman-
dons l'ajournement indéfini des élections et l'envoi
dans les départements de citoyens chargés d'y porter
la lumière démocratique. »

Le 14 mars, il insista sur la nécessité d'un ajournement : « C'est un sacrilége de faire mentir à leur
propre salut des millions d'hommes, d'arracher
à leur inexpérience la sanction de leur esclavage. »

Les démonstrations auxquelles se livra alors la
garde nationale, firent juger l'heure favorable à une
imposante démarche, dont le but apparent était
l'ajournement des élections, et dont la modification
d'un gouvernement qui s'obstinait à rester inactif
était le but réel. Blanqui prit la parole : malgre ses
efforts énergiques, la manifestation du 17 mars
n'aboutit point, grâce aux paroles hypocrites de
M. Louis Blanc, et à l'appui que trouva le gouvernement provisoire, dans la mesquine jalousie de Barbès.

Le 22 mars, proclamation aux clubs démocratiques
de Paris :

La République serait un mensonge si elle ne devait

être que la substitution d'une forme de gouvernement à
une autre. Il ne suffit pas de changer les mots : il faut
changer les choses.

La République, c'est l'émancipation des ouvriers; c'est
la fin du régime de l'exploitation ; c'est l'avènement d'un
ordre nouveau qui affranchira le travail de la tyrannie
du capital.

Liberté, Egalité, Fraternité : cette devise qui brille
au fronton de nos édifices, ne doit pas être une vaine
décoration d'opéra. Point de hochets, nous ne sommes
plus des enfants. Il n'y a pas liberté, quand on manque
de pain. Il n'y a pas égalité, quand l'opulence fait scan-
dale à côté de la misère. Il n'y a pas fraternité, quand
l'ouvrière, avec ses enfants affamés, se traîne aux portes
des palais.

Du travail et du pain ! L'existence du peuple ne peut
rester à la merci des frayeurs et des rancunes du capital.

Sa popularité inquiétait le gouvernement; il fallait
le déconsidérer à tout prix. Pour ce faire, rien ne fut
épargné : la tempête de calomnies dont il fut assailli
ne l'ayant pas fait sombrer, on eut recours à une
infamie ignoble. Le 31 mars, M. Taschereau publiait
dans le premier numéro de sa deuxième *Revue Ré-
trospective* un factum intitulé : *Déclarations faites par
*** devant le ministre de l'intérieur*, rapport, supposé,
de Blanqui à M. Duchâtel au sujet du complot du
12 mai 1839.

Ce document est incontestablement apocryphe. Il
y eut procès, et M. Taschereau ne put jamais produire
l'original. Blanqui n'en fut pas moins contraint de se
défendre.

Après avoir, avec une netteté et une précision
admirables, discuté les faits, mis en lumière les er-
reurs invraisemblables qui abondent dans cette
pièce à lui imputée et noté jusqu'à des passages mal-

veillants pour lui, il retrace avec une amère et véhémente tristesse son passé de luttes, d'épreuves, qui n'a pu le mettre à l'abri d'outrages indignes :

La calomnie est toujours la bien venue ! La haine et la crédulité la savourent avec délices. Elle n'a pas besoin de se mettre en frais ; pourvu qu'elle tue, qu'importe la vraisemblance ? L'absurdité même ne lui fait point de tort. Elle a un secret avocat dans chaque cœur, l'envie. Ce n'est jamais à elle, c'est à ses victimes qu'on tient rigueur et qu'on demande des preuves. Toute une vie de dévouement, d'austérités, de souffrances, s'abîme en une seconde, sous un geste de sa main.

Une trahison ! mais pourquoi ? pour sauver ma tête qui n'était point menacée, chacun le sait bien ?... Ai-je du moins stipulé l'allégement de mes fers ? Le Mont-Saint-Michel, le pénitencier de Tours sont là pour répondre. Parmi mes compagnons, qui a bu aussi profondément que moi à la coupe d'angoisses ? Pendant un an, l'agonie d'une femme aimée, s'éteignant loin de moi dans le désespoir ; et puis, quatre années entières, en tête-à-tête éternel, dans la solitude de la cellule, avec le fantôme de celle qui n'était plus : tel a été mon supplice, à moi seul, dans cet enfer du Dante. J'en sors les cheveux blanchis, le cœur et le corps brisés, et voici retentir à mon oreille le cri : mort au traître !...

Tu as vendu tes frères à prix d'or ! écrit la plume prostituée.... de l'or, pour aller mourir lentement dans un tombeau entre le pain noir et la cruche d'angoisses ! Et qu'en ai-je fait de cet or ? Je vis dans un grenier avec 50 centimes par jour. J'ai pour fortune, à l'heure qu'il est, 60 francs.

Et c'est moi, triste débris qui traîne par les rues un corps meurtri sous des habits râpés, c'est moi qu'on foudroie du nom de vendu ! tandis que les valets de Louis-Philippe métamorphosés en brillants papillons républicains, voltigent sur les tapis de l'Hôtel de Ville, flétrissant du haut de leur vertu nourrie à quatre services, le pauvre Job échappé des prisons de leurs maîtres !

.... Réacteurs de l'Hôtel de Ville, vous êtes des lâches !

Je vous gêne et vous voulez me tuer; mais vous n'osez pas m'attaquer en face, et vous me lancez aux jambes trois ou quatre bassets de la meute de Louis-Philippe, en quête d'un nouveau chenil !

.... Si vous aviez une accusation à porter contre moi, il fallait la produire au grand jour, solennellement, et entourée de toutes les garanties de certitude, d'authenticité; il fallait parler au nom de la justice, de la morale, sans rien décliner de la responsabilité d'une telle œuvre.

Mais vous l'avez dit vous-mêmes, ce sont des *représailles* que vous exercez! C'est la haine, la peur, l'intérêt qui vous inspirent. Tous les moyens vous sont bons !... le document Taschereau vous était nécessaire; il s'est trouvé. *Is fecit cui prodest*. L'infamie de son origine se trahit dans les honteux détours de sa publication.

Réacteurs, vous êtes des lâches!

Blanqui prit une part active à la manifestation du 16 avril. On sait que cette manifestation échoua par suite de l'ordre donné par Ledru-Rollin de battre le rappel. Barbès, lui, était au nombre des gardiens zélés de ce gouvernement qui faisait défiler entre une double rangée de baïonnettes, les ouvriers venant le prier de s'intéresser enfin à leur déplorable sort.

La veille, Blanqui avait eu une entrevue avec Lamartine. L'apologiste du drapeau tricolore cherchait par toutes sortes de cajoleries à s'attacher les chefs populaires; selon son expression « il conspirait avec ces hommes comme le paratonnerre conspire avec la foudre, pour en dégager l'électricité, et en conjurer l'explosion. » Avec Blanqui toutes ses séductions furent inutiles, il ne réussit pas à se servir de lui.

Après la journée du 16 avril, un mandat d'arrêt fut décerné contre Blanqui; son exécution ayant été ajournée, ainsi que le relate l'acte d'accusation du

procès de Bourges, l'instruction de cette affaire se
confondit avec l'instruction du 15 mai.

Le 20 avril Blanqui dénonça la concentration de
troupes aux environs de Paris : « Retenez, dit-il aux
membres du gouvernement provisoire, retenez les
troupes loin de la capitale, et faites disparaître cette
menace de représailles armées contre la victoire du
peuple. »

Le 2 mai, protestation indignée contre les massacres de Rouen : « La contre-révolution vient de se bai-
gner dans le sang du peuple. Justice, justice immédiate des assassins !... La rue Transnonain est surpassée.
A lire l'infâme récit de ces exploits de brigands, on
se retrouve au lendemain des jours néfastes qui,
naguère, ont couvert la France de deuil et de honte.
Ce sont bien les mêmes bourreaux et les mêmes victimes. D'un côté des bourgeois forcenés, poussant par
derrière au carnage des soldats imbéciles qu'ils ont
gorgés de vin et de haine; de l'autre, de malheu-
reux ouvriers tombant sans défense, sous la balle et
la baïonnette des assassins. Pour dernier trait de res-
semblance, voici venir la cour royale, les juges de
Louis-Philippe, se ruant comme des hyènes sur les
débris du massacre et remplissant les cachots de
250 républicains ! »

La nouvelle de la défaite des Polonais insurgés
venait d'arriver à Paris; dès le 13 mai, spontanément,
près de dix mille citoyens parcouraient la ligne des
boulevards, aux cris de « Vive la Pologne »; le soir,
dans les clubs, on agitait le projet d'une grande manifestation. L'entraînement était général; ne pouvant
l'enrayer, Blanqui subit « cette invasion du sentiment
populaire. »

Le 15 mai, la démonstration eut lieu ; après l'envahissement de l'Assemblée par le peuple et la lecture faite par Raspail, à la tribune, de la pétition des clubs demandant l'intervention immédiate en faveur de la Pologne, Blanqui prit la parole :

« Le peuple, dit-il, exige que l'Assemblée nationale décrète, sans désemparer, que la France ne mettra l'épée au fourreau, que lorsque l'ancienne Pologne tout entière, la Pologne de 1772 sera reconstituée. » Après avoir brièvement développé cette idée, au nom de ce peuple dévoué, il réclama justice pour les massacres de Rouen, appuya sur l'urgence de s'occuper immédiatement de rétablir le travail, il parla des causes sociales de la misère, des hommes systématiquement écartés du gouvernement.

Plusieurs voix le rappelèrent à la question de la Pologne. S'étant vu écoulé, Blanqui avait songé à profiter du mouvement et à substituer à la question polonaise, la question sociale ; comprenant que ce n'était point possible, il revint à ce qui passionnait le peuple pour l'instant.

Le succès de Blanqui aveugla Barbès qui, uniquement préoccupé de faire échec à celui qu'il avait traîtreusement calomnié, se laissa aller à des paroles et à des actes ridicules.

Les réacteurs n'eurent garde de ne pas saisir cette occasion d'emprisonner les chefs du parti révolutionnaire. Blanqui fut arrêté le 26 mai dans une maison où il avait reçu asile, rue Montholon, 15. Dans le cours de l'instruction, il refusa de répondre. Le 7 mars 1849, il comparut devant la haute cour de justice réunie à Bourges. Durant les débats, une scène éclata entre Barbès et lui : Blanqui ne se départit pas une minute de son attitude correcte et digne.

Sa défense produisit une profonde impression :
« On prétend écraser en moi, le conspirateur mono-
mane, c'est-à-dire l'homme qui, à travers les évolu-
tions des partis, poursuit, sans ambition personnelle,
le triomphe d'une idée... C'est la conscience du devoir rempli avec calme et ténacité qui m'a soutenu
la tête haute à travers les plus cruelles épreuves. Le
jour des détrompements et des réparations arrivera :
que ce jour ne doive briller que sur un cachot, peu
m'importe, il me trouvera dans mon domicile habituel, que j'ai peu quitté depuis douze ans. La Révolution victorieuse m'en avait arraché un moment, la
Révolution trahie et vaincue m'y laisse retomber. »

Le 2 avril, il était condamné à dix ans de détention.

Conduit à Doullens, il fut bientôt transféré à Belle-
Isle. Là, avec un de ses co-détenus, Cazavant, il
tenta, en 1853, une audacieuse évasion ; après d'émou-
vantes péripéties, ils réussirent à atteindre la cabane
du pêcheur avec qui ils avaient noué des intelligen-
ces. Une fois payé, celui-ci s'empressa de les livrer à
l'autorité, afin d'avoir la prime de 50 fr. accordée
par *tête* d'évadé. Blanqui y gagna des coups de crosse
de fusil, un séjour prolongé au cachot, et une fluxion
de poitrine qui faillit l'emporter.

En 1857, on le transporta à Corte, en Corse. Déporté en Afrique à l'expiration de ses dix ans, par mesure de sûreté, il ne recouvra la liberté qu'à l'amnistie du 16 août 1859. Naturellement l'empire essaya de
le ressaisir. Impliqué en 1861 dans un procès de
société secrète et de publications clandestines, il fut
condamné à quatre ans de prison. Affaibli, malade, il
acheva son temps, gardé à vue, à l'hôpital Necker.

Un mois avant la fin de sa peine, craignant sans
doute d'être de nouveau déporté, il s'évada.

Il vécut à l'étranger, principalement à Bruxelles,
d'une rente annuelle de quatre cents francs, cher-
chant sans cesse à organiser quelque chose et venant
en secret à Paris. Il l'habitait depuis trois mois en-
viron, quand Victor Noir tomba lâchement assassiné
par un Bonaparte. Il assista à ses funérailles, comp-
tant sur un soulèvement, armé, disposé à se battre, à
mourir, et disposé à ce point que le matin, avant de
se rendre à Auteuil, il alla chez sa sœur, rue Haute-
feuille, prévoyant qu'il pourrait bien ne plus la re-
voir. C'est de madame Antoine que nous tenons cette
particularité.

Il n'y eut rien : peu après il quitta Paris où il ne revint
qu'au commencement d'août. A tout prix il fallait renverser l'empire. Le 14, avec une poignée d'hommes
aventureux, d'une témérité enthousiaste, il attaqua le
poste des sapeurs-pompiers de la Villette, au cri de
« vive la République ; » le peuple ne répondit pas à
un signal qui, s'il avait été écouté, pouvait sauver la
situation.

Trois semaines après, l'empire croulait. Blanqui se
mit à l'œuvre. Au club des Halles, dans la *Patrie en
danger*, il s'imposa le rude labeur d'éclairer une population trop confiante ; avec une étonnante clair-
voyance, il indiqua la marche à suivre ; à peu près
seul, il vit clair dans notre position. Voici comment
le Blanqui du siége a été jugé, dans *Paris-Journal*,
par un écrivain réactionnaire, M. J.-J. Weiss, aujour-
d'hui conseiller d'Etat :

L'extérieur était distingué ; la tenue irréprochable, la
physionomie délicate, fine et calme, avec un éclair farou

che et sinistre qui traversait quelquefois des yeux min-
ces, petits, perçants, et, à leur état habituel, plutôt
bienveillants que durs ; la parole mesurée, familière et
précise, la parole la moins déclamatoire que j'aie jamais
entendue, avec celle de M. Thiers. Quant au fond du
discours, presque tout y était juste. J'avais souvent pour
voisin, au *Club des Halles*, un jeune rédacteur du *Journal des Débats*, très-conservateur, comme j'ai l'honneur
d'être moi-même, qui débutait alors, et qu'on remarquait
beaucoup pour la sagesse et la maturité de son esprit.
Combien de fois ne l'ai-je pas entendu soupirer, au moment où Blanqui faisait son exposé quotidien des événements du siége, des fautes du gouvernement, des nécessités de la situation : « Mais tout cela est vrai ! Mais c'est
qu'il a raison ! Mais quel dommage que ce soit Blanqui ! »
Je le pensais comme lui, je le disais comme lui ; mais
je n'en soupirais pas. La vérité est bonne de quelque côté
qu'elle vienne.

Et, le lendemain, je lisais le journal ! Ah ! ce n'était
plus la parole froide et correcte de la veille, cela brûlait
et ravissait ! Quelle puissance ! Quelle sincère et déchi-
rante tendresse pour la patrie en péril ! Quel retentisse-
ment de ses blessures ! Quelles saignantes douleurs !
Quelles colères, quelles rages magnifiques contre les in-
capacités souveraines et les abominables vanités qui per-
daient Paris en s'admirant ! Ecrire ainsi à soixante-sept
ans sonnés, après quinze ou vingt ans de captivité,
quand l'imagination est tarie, quand les sens sont
éteints, le corps épuisé, l'esprit fatigué : comment le
peut-on, à moins d'écrire avec sa chair et son sang, et
comme en s'ouvrant les entrailles ?

Le 31 octobre, informé vers cinq heures et demie
que son nom figurait sur la liste du nouveau pouvoir
installé à l'Hôtel de Ville, il s'y rendit et se mit aus-
sitôt à la besogne, il ne fut pas secondé. Un instant
saisi par des gardes nationaux du 17e bataillon, ac-
cablé de coups, à moitié étranglé, il fut sauvé par
les tirailleurs de Flourens.

Ranvier, Flourens, Millière, Delescluze et lui con-

clurent avec Dorian une convention sur les bases sui-
vantes, auxquelles souscrivirent Jules Favre, Jules
Simon, Jules Ferry, Garnier-Pagès et Tamisier :

1° Election de la municipalité le lendemain ;

2° Réélection des membres du gouvernement provisoire le surlendemain ;

3° Séparation à l'amiable des deux autorités siégeant
à l'Hôtel de Ville. Nulles représailles, nulles poursuites à l'occasion des faits accomplis.

Tel que le gouvernement impérial, le gouvernement
de la Défense nationale viola ses promesses, fabriqua
un plébiscite et ordonna des arrestations. En présence de ce manque de foi flagrant, M. Edmond
Adam, préfet de police, et M. Floquet, adjoint de la
mairie centrale, donnèrent leur démission. Blanqui
se déroba à temps aux poursuites. Caché, jusqu'au
8 décembre il rédigea la *Patrie en danger* et, d'une
plume justicière, stigmatisa les fourbes du 4 septembre.

La catastrophe était imminente, on le sentait; néanmoins, peut-être était-il encore possible d'é-
chapper à la honte d'une capitulation. Quelques-uns
de ceux qui avaient pris part au 31 octobre firent le
22 janvier : Blanqui y était. Sur l'ordre de Chaudey,
les mobiles bretons fusillèrent le peuple. Six jours
après, Vinoy signait la reddition.

Blanqui publia alors son *Dernier mot*, résumé des
fautes et des trahisons du « gouvernement de la dé-
route nationale. » Il échoua aux élections du 8 février;
Paris lui accorda 52,000 voix, — presque le chiffre des
opposants du plébiscite du 3 novembre. Après quelques jours passés à Bordeaux, atteint d'une bron-
chite aiguë, il se retira à Bretenoux (Lot), près de

madame Barrellier, sa sœur aînée. Le 26 mars il était élu membre de la Commune de Paris dans le 18e arrondissement par 14,953 voix et dans le 20e par 13,859; malheureusement il ne put siéger.

Dès la signature de la capitulation, un conseil de guerre avait, par contumace, condamné à mort Blanqui coupable de participation au 31 octobre. Le 17 mars, dans l'après-midi, il était arrêté et traîné à Figeac; le 20 on le transférait à Cahors. Toute communication lui fut rigoureusement interdite. Le 17 mai seulement il lui fut permis de voir sa sœur et le 22 on le mettait en wagon escorté de cinq gendarmes.

Le 24 mai il arrivait au fort du Taureau, à l'entrée de la rade de Morlaix.

La casemate-cachot où on l'enferma est, a-t-il écrit lui-même, longue de huit mètres, large de quatre autres, bâtie en blocs énormes de granit, rongés et rugueux. Elle est pavée en blocs désunis où une table ne peut rester en équilibre. La grille de la fenêtre est en vieux fer rouillé, vieux d'au moins deux cents ans. La croisée ne ferme que par un volet sans vitres, l'imposte seule est vitrée. Les trois quarts de la casemate sont obscurs. Le fond est noir, sans air, fétide. Les murs sont revêtus d'une couche de salpêtre qui se renouvelle à mesure qu'on l'enlève. On peut en faire de larges provisions. La voûte enveloppe le prisonnier d'un manteau de glace.

Ordre du ministre de la guerre de faire feu sur lui à la moindre tentative d'évasion, ordre de le fusiller sur-le-champ si on essayait de l'enlever, et de ne livrer aux assaillants qu'un cadavre; nourriture insuffisante, privation de sommeil, promenade de trois quarts d'heure matin et soir sur une plate-

formo entre deux soldats sabre nu à la main, tel est
le régime auquel, à 66 ans, Blanqui a été soumis
pendant six mois, et cela sans avoir été écroué, sans
avoir aperçu l'ombre d'un magistrat.

« Il est sorti de ce séjour sinistre, à la même
heure où il y était entré le 24 mai, à trois heures du
matin, par une nuit ténébreuse et glacée, sous une
averse continue. Trempé jusqu'aux os pendant une
traversée de quatre heures, il a dû monter en wagon
et sécher sur lui jusqu'à Versailles ses vêtements
transpercés. Il a été contraint de se rendre à pied,
d'un pas rapide, depuis la gare jusqu'à la prison
cellulaire. Plusieurs fois, en chemin, il a failli suc-
comber à la fatigue et tomber sur le pavé. »

Au fort du Taureau, en proie à un traitement
sauvage, sous le coup d'une condamnation capitale,
sans livres, claquemuré seul avec ses pensées, il eut
l'esprit assez libre pour s'occuper d'hypothèses as-
tronomiques. Poète et savant, il écrivit l'*Eternité par
les astres*, exposé d'une théorie matérialiste des
destinées universelles, déduite de la double infinité
du monde en durée et en étendue. Et l'on retrouve
dans ce curieux ouvrage qui dénote la vitalité ré-
marquable, la surprenante vigueur de ses facultés,
le style fin et vif, la phrase alerte, l'exposition lucide,
le raisonnement serré, le bonheur d'expression, en
un mot l'originalité lumineuse et colorée de la forme
soignée et limpide qui lui est habituelle.

La Commune tenta d'obtenir l'élargissement de
Blanqui. Raoul Rigault, délégué à la préfecture de
police, confia à un vieil ami de Blanqui, le citoyen,
Flotte, le projet de l'échanger contre les otages Dar-
boy, Deguerry, Bonjean et Lagarde. Les négociations

commencèrent le 12 avril, elles n'aboutiront point : M. Thiers refusa de se défaire d'un homme dont il redoutait l'intelligence mise au service de la cause communaliste. Bien plus, à madame Antoine demandant tout au moins l'autorisation pour son frère, dont elle ignorait le sort, de lui écrire quelques mots la rassurant sur son état, M. Thiers fit répondre que « la santé de M. Blanqui était fort mauvaise sans donner cependant des inquiétudes sérieuses pour sa vie ; mais que, malgré cette considération et les instances de madame Antoine et de ses proches, il refusait formellement d'autoriser aucune communication, soit verbale, soit écrite, entre M. Blanqui et sa famille, jusqu'à la fin des hostilités entre Paris et Versailles. »

Au mois de février 1872, Blanqui passait devant le quatrième conseil de guerre, séant à Versailles, certains hommes du 4 septembre étant ministres, en dépit de l'engagement solennel pris par eux qu'il ne serait exercé aucune poursuite contre les citoyens ayant voulu les renverser ; et il fut condamné à la déportation dans une enceinte fortifiée pour avoir tâché de proclamer la déchéance d'un gouvernement illégal aux yeux de ses juges.

Issu d'une brusque révolution, le gouvernement dit de la *Défense nationale*, par antiphrase, n'avait reçu aucune consécration nationale. Les événements d'octobre 1870, antérieurs de trois mois et demi à l'assemblée élue en février 1871, n'étaient point justiciables du nouveau gouvernement. Cependant il a ordonné, contre Blanqui seul, il est vrai, — et cette exception en fait d'autant mieux ressortir le côté exorbitant — des poursuites qui pouvaient aussi raisonnablement être dirigées contre les auteurs du 4 sep-

tembre. Bien plus, l'insurrection de mars ayant
déterminé la création de conseils de guerre chargés
de la répression, la loi qui les créait avait limité leur
compétence aux faits de cette insurrection, en leur
interdisant la connaissance de tous actes antérieurs
au 18 mars. Or, malgré une réserve si formelle, Blanqui a été traduit devant un de ces conseils de guerre
et condamné à une peine draconienne : il a été condamné à la déportation, quoique l'article 70 du Code
pénal, amendé par la loi du 30 mai 1854, édicte que la
déportation ne sera pas prononcée contre les sexagénaires.

Cette peine lui est appliquée avec autant de rigueur
que d'illégalité. Transporté en septembre 1872 à la
maison centrale de Clairvaux, il était en 1873 embarqué pour la Nouvelle-Calédonie, si les médecins ne l'avaient déclaré impropre au voyage. Maintenu enseveli
deux ans dans une cellule sans feu pendant l'hiver, ne
parlant à personne, ne pouvant voir que ses sœurs de
loin en loin, sa santé s'est altérée Vu son état maladif, on a été contraint de le mettre à l'infirmerie où
il occupe, seul, une pièce assez vaste.

Conformément à l'idée par nous émise dans l'*Egalité* de Paris du 27 janvier dernier, sa candidature
a été posée au mois de mars dans la deuxième circonscription de Marseille en remplacement de Raspail. Il aurait été élu si le candidat radical n'avait
pas, déchirant sa promesse, persisté dans une lutte
coupable.

Porté à Paris dans le VI⁰ arrondissement, il doit
être porté jusqu'au jour où son nom sortira triomphant de la lutte électorale.

.*.

Il est un homme qui a passé près de quarante ans
en prison, que les oubliettes de la République ren-
ferment aujourd'hui, un homme qui, toute sa vie, a
lutté pour la justice, pour la vérité ; avec une rare
abnégation, avec un dévouement sans bornes, avec
la fermeté inflexible et résolue d'une conviction profonde, cet homme héroïque a sacrifié à ses principes
réputation, fortune, bonheur domestique, avenir,
tout enfin ; constamment sur la brèche, insouciant
du danger, ne songeant qu'à son devoir, mais toujours vaincu, sans se plaindre il a enduré d'inénar-
rables supplices : à cette heure, lentement il expire
dans une maison centrale. Electeurs, nous vous con-
vions à une œuvre d'humanité urgente, il dépend
de vous de permettre à ce défenseur passionné des
droits populaires de respirer, avant de s'éteindre,
quelques jours au grand air. Ne pas voter pour lui
c'est donner un tour de clé de plus à la porte de son
cachot, c'est, de gaîté de cœur, se constituer les geô-
liers d'un vieillard, se faire les complices de son
étouffante détention, c'est assumer la lourde responsabilité de sa mort en cellule.

Seul, un homme expie depuis plus de sept ans le
crime d'avoir prétendu jeter bas un gouvernement
sans sanction, sans autorité légitime, un gouvernement
que ses juges honnissaient, vilipendaient ; seul, un
homme expie le crime d'avoir douté des gens du
Quatre-Septembre, d'avoir protesté contre leur im-
puissance et leur incapacité notoires. Une transaction
était intervenue ; une parole avait été jurée : cette
parole on ne l'a pas tenue, cette transaction on l'a
violée ; un homme a été poursuivi, a été puni, au nom
des lois existantes, pour avoir voulu abattre un pou-

voir qui, d'après ces mêmes lois, était lui-même le résultat d'une usurpation. Electeurs, à vous de casser ce jugement ; il y a là un acte de stricte justice à accomplir.

Des milliers de citoyens, depuis de longues années détenus ou proscrits, râlent loin des leurs en proie à des tourments sans nombre. Depuis de longues années des familles mutilées aspirent après le retour d'êtres chers ; depuis de longues années tous les bras se tendent en vain vers ceux qui sont là-bas ; toutes les voix les appellent et ces appels ne sont pas entendus, tous les cœurs les désirent et ces vœux unanimes ne se réalisent point. Assez de pleurs, assez d'alarmes, assez de persécutions : l'amnistie est par tous ardemment souhaitée, impatiemment attendue. Electeurs, cette amnistie trop tardive, vous pouvez la hâter pour quelques-uns ; user en ce cas de votre souveraineté, est la manifestation la plus complète et la plus utile qu'il vous soit possible de faire en faveur de cette mesure réparatrice ; vous ne laisserez pas échapper l'occasion qui vous est offerte de montrer que vous en êtes partisans sincères et fervents : cette amnistie qu'on vous refuse, vous la prononcerez vous-mêmes.

Voter pour Auguste Blanqui, c'est procéder à une œuvre d'humanité, c'est exécuter un acte de justice, c'est protester efficacement contre une incessante répression ; mais voter pour Auguste Blanqui, c'est aussi, c'est surtout, affirmer l'inéluctable nécessité de cette Révolution sociale dont il s'est efforcé d'avancer l'explosion, pour laquelle il a toujours combattu, pour laquelle il a tant souffert, à laquelle il a consacré prodigalement son existence entière.

Que les électeurs fassent leur devoir, que, grâce à eux, ce ne soit pas qu'un cadavre qui sorte de Clairvaux, qu'ils mettent fin à une exception inqualifiable, qu'ils décrètent au profit de Blanqui cette amnistie que vainement l'on implore, qu'on lui ils glorifient la personnification la plus haute du socialisme révolutionnaire français, et rien, nous l'espérons, ne viendra se mettre en travers de leur décision mûrement réfléchie ; rien, pas même l'omnipotent électeur de France, M. Gambetta. Il se souviendra que, parmi ses amis, parmi les meilleurs rédacteurs de son organe officiel, il est un écrivain, M. Arthur Ranc, qui a respectueusement dédié un de ses ouvrages au prisonnier de Clairvaux, que, dans son entourage, ils sont nombreux ceux qui longtemps se sont déclarés ses fidèles disciples ; il se souviendra qu'il fut un temps où la *République française* savait énergiquement flétrir la façon honteuse dont Blanqui était traité et publier l'article : *Un prisonnier d'État en 1871;* qu'il fut un temps où elle savait reproduire l'article de M. J.-J. Weiss rendant hommage au caractère de Blanqui; qu'il fut un temps où la *Petite République française* voulait qu'au déclin de ses jours Blanqui pût se réchauffer au soleil qui ne pénètre pas dans les cellules. »

Donc, que dans l'urne s'amoncellent les bulletins de délivrance, et, pour son honneur, nous aimons à croire que la Chambre, reculant devant l'odieux d'une annulation inhumaine, s'inclinerait en face de l'arrêt libérateur du suffrage universel et, requérant sa mise en liberté immédiate, proclamerait enfin Blanqui libre.

Paris. — Typographie G. Deville, rue Dauphine, 18.